Édition des Entretiens Politiques et Littéraires

BERNARD LAZARE

LES
QUATRE FACES

Prix : 1 Franc

PARIS | BRUXELLES

Librairie de l'Art indépendant | Paul LACOMBLEZ, Éditeur
11, rue de la Chaussée d'Antin | 131, rue des Paroissiens

1891

PARIS. — TYPOGRAPHIE A. M. BEAUDELET ET Cie
16, RUE DE VERNEUIL, 16

Édition des *Entretiens Politiques et Littéraires*

BERNARD LAZARE

LES
QUATRE FACES

PARIS

Librairie de l'Art indépendant
11, rue de la Chaussée d'Antin

BRUXELLES

Paul LACOMBLEZ, Éditeur
131, rue des Paroissiens

1891

LES QUATRE FACES

Comme, dans la salle où avait été servi le dîner, ne
flottait plus que l'arôme âcre du café, la fumée ténue
des cigares, avec un peu le relent des plats ingérés, l'am-
phytrion se renversa au dossier de son siège et, s'adres-
sant à V***, V*** le platonicien, à qui se devait la déban-
dade des cristaux et des porcelaines — car en son honneur s'était célébré le festin — il lui dit :

— Certes, mon cher V***, le seul plaisir de vous voir
après une si longue absence, justifie cette agape intime,
cependant nul ne vînt ici et moi-même ne vous attendis
sans la secrète et bien légitime espérance de vous entendre parler, et nous redire encore sur les hommes et
sur les choses, les si savoureux discours d'autrefois.
Ainsi, lorsque Socrate vint au banquet d'Agathon, ce
n'était pas l'impatience de le contempler qui excitait les
convives émus de le savoir immobile au seuil de la porte,
mais bien l'attente de ses paroles.

— Ce classique souvenir, répondit V***, était, de
tous, le plus capable de me réjouir et je retrouve là votre
flatterie coutumière, subtile et ingénieuse. Je n'y puis

répondre que par l'acquiescement. Toutefois, nourri des dialogues du divin maître de toute philosophie, je ne puis me plier à d'imprévus vagabondages oratoires et je vous prierai de faire ainsi que Cébès ou que Phèdre qui demandaient catégoriquement au fils de la sage-femme des notions précises sur un sujet déterminé. Je vous connais assez pour savoir que parmi les mille sciences que vous avez pratiquées, il en est une qui vous doit tenir particulièrement au cœur.

— Vous avez dit vrai, et si j'ajoute que seul m'a paru digne de mon plus immédiat intérêt l'art roi de tous les arts, celui qui est le dominateur des hommes et que les dieux eux-mêmes pratiquèrent, la Poésie enfin, vous n'aurez pas de peine à me croire.

— Ce sera donc mes idées sur la Poésie et sur les poètes que vous voudrez avoir?

— C'est cela même.

— Vous n'attendez pas de moi, une exposition dogmatique et théorique de la Poésie. C'est là préoccupation de régent de collège, de cuistre où de versificateur patenté, vous en êtes exempt, n'est-ce pas? Pourtant, comme, malgré tout, la sophistique des écoles vous enveloppe, je serais mal venu à ne vous pas donner une définition que quémande votre attitude. Je vous la donnerai si large, qu'il vous sera licite d'y faire entrer vos conceptions particulières, et la Poésie deviendra pour nous, si vous le voulez bien, l'art d'enclore les symboles en des phrases précises, et d'enfouir des mystères au sein d'images concrètes.

— Je ne vois aucune difficulté à approuver votre dire, quoique le mot mystère me semble trop vague, et veuille, pour moi, être déterminé.

— Ce que je ne pourrai faire; pas plus que je ne puis délimiter par de corrects aphorismes l'Ombre ou bien le Rêve. Il est tels mots qui portent leur compréhension en eux-mêmes et selon l'âme au fond de laquelle ils retentissent. Votre observation me fait craindre qu'il ne vous soit resté un trop vif souci des catégories anciennes. Ceux qui vous élevèrent font gésir la Poésie dans de strictes formules ; de ce qu'au début elle fut entourée de lois jalouses, qui étaient les gardiennes d'un seuil réservé, ils ont fini, c'est une aberration naturelle, par prendre ces règles pour l'objet même de la science, et cette conception prévaut encore chez de très hauts esprits : n'est-il pas arrivé de même en métaphysique où les facultés de l'âme, empirique classification d'abord, ont acquis une existence réelle? Grâce à cet oubli des intentions primordiales, on en est arrivé, de notre temps, à s'instaurer poète à l'aide d'un traité de versification et d'un dictionnaire de rimes. Tel pratique la ballade et rien n'est à redire à sa composition, seulement il se laisse indifféremment inspirer par les Kamènes ou par le chiffonnier des carrefours, ou même par des spécialités gastronomiques ; d'autres ont choisi le rondel ; celui-ci fit du lai et du virelai son domaine ; celui-là, plus hardi, se haussa jusqu'à la sextine ou au chant royal, heureux encore s'ils ont abandonné les rimes croisées et batelées et les vers léonins. Ne pourrait-on leur appliquer à tous le mot éternel de Platon : « Pour être poète, il ne suffit pas de faire des discours en vers. »

— On le pourrait, mais malheureusement tous les pharmaciens de la critique ont usé et usent d'une pareille formule, et ils s'en sont servi pour ravaler les plus beaux poèmes, pour salir Baudelaire et Leconte de Lisle au profit d'obscurs racleurs de jambons qui se targuaient d'idées sentimentales ou pseudo-philosophiques.

— Vous avez raison, quoique l'assertion platonicienne subsiste dans toute son intégrité; on en fait maivais usage faute de la savoir interpréter. Il est certain que le feuilletonniste qui déclare : « Voici de beaux vers, mais ils manquent d'un fond sérieux » est un sot; un *beau vers* est celui où la forme est adéquate à la pensée contenue; mais aussi un vers régulièrement bâti, suivant une prosodie impeccable, peut n'être pas un *beau vers*; en aligner cinquante ou cent de la même sorte ne constituera pas un *beau poème*, et vraiment l'on peut toujours dire : « Pour être poète il ne suffit pas de faire des discours en vers. » Si cela suffisait Ponsard et Emile Augier seraient de plus grands poètes que Chateaubriand et Flaubert; il ne suffira même pas d'inventer des rhythmes ; si cela était, Baïf serait peut-être supérieur à de Vigny. Le seul Poète, dans l'absolu du mot, sera l'inventeur de mythes et de symboles et ces symboles, il les saura vêtir de rhythmes pompeux et variés, d'harmonies diverses, suivant sa nature et sans que le procédé de l'un puisse être déclaré supérieur à celui de l'autre; pour les médiocres seulement ces degrés différentiels pourront s'établir ; pour les grands aédes, ils sont inutiles : dites-moi donc, en vous servant de ce critérium, en quoi Ronsard surpasse Hugo, en quoi Hugo surpasse Ronsard ?

— A mon tour, je ne saurai répondre. Mais le poète étant tel que vous le dites, combien seront jugés dignes de ce nom ?

— Très peu, et il n'en peut-être différemment. Pensez-vous donc qu'il puisse y avoir beaucoup d'êtres d'exception, étant données les spéciales conditions de vie qu'ils trouvent dans la société et que toujours ils y ont trouvées ?

— Toujours?..... Voyez en Grèce.

— Nous connaissons de leurs grands hommes ce que le temps a bien voulu nous conserver, mais nous ignorons s'il n'en fut pas, chez eux, que le mépris universel conduisit à la mort; et, par l'exemple des siècles qui suivent, nous pouvons hardiment inférer que ces peuples ne furent pas en dehors de la loi commune. Vous pourrez raisonner, citer des cas particuliers, rien ne tiendra contre les faits, et les faits démontrent que toujours le mépris des foules et l'indifférence des pouvoirs publics, qui en sont le reflet, s'unirent pour traquer ceux que leur nature et la qualité de leur essence différenciaient du troupeau. Vous connaissez tous cet admirable livre qui s'appelle *Stello*. Une phrase dite par Chatterton le résume et proclame ce qui attend tout poète : « Beaucoup ont ri un grand nombre m'a injurié : tous m'ont foulé aux pieds ». Et ce livre cruel du grand de Vigny, constate que, sous la Monarchie absolue, sous la Royauté constitutionnelle, sous la République, il en est de même. Les représentants de ces divers modes de gouvernements, s'ils se séparent dans leur façon apparente de conduire les hommes, s'unissent dans une haine sainte : celle de l'Art et du Beau. Ainsi le Poète, par cela seul qu'il est tel, est voué à la misère, aux insultes, aux désespoirs; et le mot de M. Beckford, si dédaigneux, reste intact et véridique : « La plus belle muse du monde ne peut suffire à nourrir son homme », déclare cet honorable négociant; si l'un de nous avait été près de lui, il lui aurait répliqué sans doute : « Plus cette muse est belle, moins elle a de chances. »

— Ne pensez-vous pas qu'il y ait dans cette thèse un peu d'exagération? Il me serait facile de vous nommer bien des hommes, que vous considérez comme grands, et qui furent de leur vivant honorés et loués, riches et glorieux.

— Etes-vous certain que ceux dont vous parlez aient dû leurs triomphes à leur art, et n'est-ce pas de par une observation superficielle que vous protestez contre la théorie que j'expose?

— Qu'entendez-vous par là?

—Ceci : que tous les poètes en proie aux acclamations du vulgaire, acquirent ce los banal, par les côtés d'eux-mêmes qui furent le plus étrangers à l'art. Encore là, faut-il des distinctions, car beaucoup furent déclarés des artistes qui, peut-être, ne furent pas dignes de ce beau nom. Laissons-les cependant, pour ne parler que des descendants véritables de Linos et d'Orpheus. Vous en savez que les foules suivirent aveuglées et charmées, affirmez-vous. Pensez-vous donc que parfois, les mangeurs de choses immondes se laissent captiver par de subtiles ambroisies ? Voyez-vous, l'éternelle vérité, c'est que le public est semblable au chien dont parle Baudelaire : « Il ne faut jamais lui présenter des parfums délicats qui l'exaspèrent, mais des ordures soigneusement choisies. » Si donc, ces divins maîtres ont été triomphalement traînés sur les places, si des socles leur ont été érigés de leur vivant, ce fut ainsi, malgré leur génie, et non à cause de lui. Prenez Hugo, — c'est son nom que depuis un instant je lis dans vos regards — supposons-le retiré dans la Tour d'Ivoire, méditant la Légende des Siècles, rêvant les Chansons des rues et des bois ; abolissez la pairie, les luttes politiques et l'exil, supposez-le exempt du besoin bas de réclame qui toujours le tourmenta, il serait sans doute plus haut et plus pur pour nous, mais aussi pour le grand nombre moins connu ; l'admiration commune étant allée au législateur facétieux, et au sénateur extravagant, non au merveilleux créateur de tant de beaux poèmes ; de même pour Lamartine, quoiqu'il nous soit moins cher. Si vous nommez Béranger, la raison est plus simple encore, c'est qu'il fut un vague flûtiste, et tout le contraire d'un poète.

— Votre dernier exemple me semble grossier, et vous vous faites la partie trop belle.

— Je l'avoue, et vous reconnais le droit de me proposer tels autres noms que vous voudrez.

— Si vous le voulez bien, je les prendrai parmi quelques-uns des Parnassiens.

— Je n'aime pas cette qualification ; elle a servi à soutenir trop de sottises. On a pris l'habitude de réunir sous le drapeau d'une prétendue école des êtres si dissemblables par le talent et les tendances, sans compter les médiocres et les faux poètes qui servent uniquement à déshonorer des artistes aimés et respectés, que je ne puis admettre ce mot : Parnassien. C'est une déplorable plaisanterie de grouper, avec une même étiquette au dos, Dierx qui fit revivre en nous la divine chanson des bois automnaux, et Hérédia, somptueux évocateur de mondes lointains et de héros tragiques ; Mallarmé, qui connait le mystère des lys palpitants et sut rêver la perversité d'Hérodiade, et Verlaine qui murmura les aveux équivoques et clama de jaculatoires désespoirs. Des rhéteurs stupides n'affublèrent-ils pas aussi de ce nom de Parnassien le maître hautain et vénéré vers qui va notre admiration respectueuse : Leconte de Lisle !

— Votre observation est juste, d'autant que, pour quelques-uns de la génération nouvelle, ce mot : Parnassien, est proféré avec mépris ; réservons-le donc pour ceux des collaborateurs du « Parnasse » qui furent doués d'un rudimentaire génie. Venons maintenant aux exemples que je voulais vous proposer.

— Quels sont ceux que vous avez choisis ?

— Ils sont quatre, et vous ne contesterez pas qu'ils jouissent d'une certaine réputation, si je vous nomme Théodore de Banville, François Coppée, Armand Silvestre et Catulle Mendès.

— Ce ne sont pas en effet des seigneurs de mince importance — je parle en raison de la renommée acquise — et il me paraissent tout à fait idoines à démontrer ma théorie. Vous me dites : ils sont poètes, et cependant ils ont acquis gloire et richesses. La tourbe ne

raisonnerait pas différemment, si elle m'avait entendu
parler, et certes, actuellement, elle m'eut voulu battre
avec ces mêmes noms. Je réponds : leur exaltation est
toute naturelle, puisque par les côtés les plus saillants
de leur caractère, ils correspondent à quelques-uns des
sentiments les plus chers à la multitude. Si nous consi-
dérons la foule comme un animal un, si nous la suppo-
sons douée d'une âme, de cette âme spéciale que Platon
plaçait dans les parties inférieures, nous pouvons gros-
sièrement attribuer à cette âme quatre faces principales
et caractéristiques. La première sera cet amour de la pa-
rodie des choses considérées comme sacrées, cette joie
ressentie à voir bafouer le Saint et le Beau, cette satis-
faction, je prends un cas, qu'éprouve une salle à entendre jouer la Belle Hélène, qu'éprouvaient sans doute
les Grecs, lorsque le bouffon Aristophane couvrait
Socrate de lazzis : tout être qui agitera une marotte aura
droit à la sympathie générale. La deuxième face, qui
n'est en somme qu'une dérision moins apparente, n'est
autre que le sentimentalisme, c'est-à-dire la transfor-
mation niaise des grands sentiments, et il y aura le sentimentalisme de la piété filiale, celui de l'amour, celui
du patriotisme : l'homme qui les saura tous réunir,
remuera par conséquent des fibres multiples et fort
vibrantes en les cervelles minimes. La troisième est l'af-
fection pour l'ordure, le plaisir de l'abject et du scatolo-
gique, le ravissement du chien à fouiller dans les
vomissures et la fiente, pour cela sans doute que cette
extase facile proclame la faculté de se passer de l'esprit :
l'habile qui ne répugnera pas à préparer ce mets recher-
ché, acquerra forcément l'estime des convives priés au
régal. La quatrième face, sœur de la troisième, est l'autre
côté du même pourceau : c'est le désir des sensations
charnelles, la recherche des équivoques excitations, la
flatterie de l'érotisme latent. Le rôle de celui qui se ré-

servera ce domaine, sera le rôle de la joueuse de flûte aux festins antiques, de la saltatrice romaine, de l'almée orientale, et, comme il connaîtra les attitudes langoureuses, les poses capables de ranimer les volontés défaillantes, les gestes habiles à ressusciter les aspirations mortes, tous l'éliront et le choisiront et le couvriront de fleurs.

— Où voulez-vous en venir ?

— A cette conclusion : que si ceux dont vous me parlez ont conquis l'estime publique, c'est que chacun d'eux représentait une face de l'âme vile de la foule.

— Cela me paraît excessif.

— En quoi ?

— En ceci : qu'on ne peut refuser à aucun des quatre un talent réel. Que tous détinrent, au moins à une minute de leur existence, le don du Verbe. Que Théodore de Banville lui, possède une incontestable personnalité, les autres, dans leurs bonnes œuvres, une excellente faculté de s'assimiler le beau qui se trouve parmi les œuvres des autres.

— Plus blâmables sont-ils alors. Comment, vous reconnaissez qu'ils furent, à des degrés divers, doués de la faculté la plus haute, et vous les excusez d'avoir failli à leur mission ? Vous déclarez qu'ils auraient pu devenir des artistes, non géniaux, peut-être, à coup sûr estimables, et vous partez de là pour les louer ? Ils n'ont pas craint, eux qui étaient destinés, dites-vous, par leurs aptitudes, à devenir les servants d'idéal, ils n'ont pas craint de saluer pour maître le monstre à mille têtes qui est l'ennemi, et vous les voulez absoudre parce qu'ils auraient dû mieux faire ? Vous acquitteriez de vagues chroniqueurs ou d'ahurissants vaudevillistes, je le comprendrais : vous plaideriez l'inconscience. Quant à ceux qui, sachant le mal, l'ont choisi comme tel, et qui, pouvant le bien, le renièrent, quelle excuse leur

trouverez-vous, au nom de quel principe seront-ils
lavés? S'ils préférèrent la voie banale à la voie royale,
libre à eux, mais qu'il soit alors permis à ceux qui dé-
chirèrent leurs pieds aux ronces, qui subirent les cra-
chats et les insultes, qu'il leur soit permis de les chas-
ser loin d'eux et de leur dire : nous ne vous sommes pas
frères.

— Vos paroles sont dures.

— Je les trouve légitimes. Ils ont leur part; ils la vou-
lurent. Ils désirèrent les acclamations, ils redoutèrent
la misère : ils possèdent les unes, ils ont évité l'autre ;
que leur servirait ce qu'ils dédaignèrent, c'est-à-dire
l'estime et le respect des générations, l'admiration dou-
loureuse que nous avons pour Corneille mourant de
faim, pour Cervantés périssant de dénûment? Tenez,
prenons-les un à un, chacun de vos *Parnassiens*, et
regardons leur œuvre. Le premier, Théodore de Banville,
est le moins haïssable. Il a toujours agi suivant sa norme,
il fut constamment lui-même, il n'y a pas de période où
il se soit différencié de ce qu'il est maintenant. Il a
voulu être lyrique, l'exemple de Hugo l'avait excité; son
impuissance fut telle que vous ne me pourrez citer aucun
vers de ses filandreuses compositions. Il bâtissait des
phrases sur le vide, il se forçait, faible grenouille, vou-
lant enfler sa voix. Incapable de chanter, il se contenta
de régenter la Poésie et, tel Boileau, fit un Art poétique.
Il le corrobora d'exemples choisis, exécuta des poèmes à
formes fixes, exercices acrobatiques qui ont autant de
rapport avec la Poésie, que l'art du calculateur prodige
a de rapport avec les mathématiques. Sa véritable nature
n'apparait cependant que dans le *Funambulesque*. Hugo
avait montré le chemin, son œuvre étant géante, il le
pouvait. M. de Banville fit sans doute son bréviaire du
quatrième acte de Ruy Blas. Dans cela, il produit à peu
près l'effet d'un de ces chardonnerets minables, faisant

des tours dans leur cage, en proférant des sons rudi-
mentaires. Imbu du même esprit auquel nous devons
Scholl et la chronique, il mit le calembourg en vers,
comme d'autres avaient fait de la géométrie, et, de cela,
la foule lui sut gré. N'abaissait-il pas le vers, cette
forme d'art que tant de génies avaient placée si haut, ne
flattait-il pas les instincts blasphématoires des bour-
geois aimant à rire, en transformant la lyre en clari-
nette? Cependant il n'a acquis qu'une estime médiocre;
le grand nombre, tout en étant reconnaissant de la pali-
nodie, préférait la prose *spirituelle*, plus accessible, et
le journaliste se sentait blessé par la supériorité due
aux rimes. À côté du *poète*, le conteur, qui s'était borné
à un banal démarquage du grand Balzac, n'était pas
propre à susciter l'admiration. En somme, c'est une
pauvre cervelle d'oiseau, pitoyable plutôt que détestable.

Le second, François Coppée, fit, à ses débuts, quelques sonnets de tendances estimables, quelques pièces
s'inspirant des Orientales, mais il ne s'attarda pas à ces
essais. Il sut deviner les tendresses populacières, et
s'instaura le chantre des sentiments coutumiers. Si les
élégiaques « déshonoraient les petits oiseaux » comme
a dit un ingénieux critique, il sut déshonorer mieux que
cela, et, sur le bourbier de la sensiblerie, il sut faire
pousser les plus fangeux tubercules. Dans une forme
nauséeuse et vide, soucieuse de vocables bas, de locu-
tions répugnantes, il célébra les humbles à dégoûter de
la pitié, il glorifia le patriotisme et le courage à faire
estimer les rénégats et les fuyards. Tout ce que l'on vé-
nère, il est parvenu à nous en lasser; ses bons fils nous
rendent doux pour ceux qui frappent leurs aïeules. Mais
il a exprimé d'une façon absolue, les compréhensions
les plus niaises, les plus écœurantes, il a été l'écho des
pensées ordinaires, et la horde des sots l'a payé d'un
renom inouï.

Le troisième, Armand Silvestre, commença par célébrer les étoiles, il le fit en vers sonores et, s'il s'en était tenu là, sans qu'on le considère comme admirable, il aurait droit à requérir une certaine estime : celle qui est due aux bons disciples des bons maîtres. Il cessa bientôt. Désormais, quand il se manifeste comme poète, il se contente d'à propos rimés établis selon des formules connues, et il module des sonnets en l'honneur des beautés de la nature. Nul né l'égale pour comparer la croupe des montagnes aux rondeurs des femmes, l'eau des lacs à leurs yeux, la rousseur des feuillages à leurs chevelures, le rougeoiement des aurores à leur teint — il sait aussi comparer les rondeurs des femmes aux croupes des montagnes, leurs yeux à l'eau des lacs, leurs chevelures à la rousseur des feuillages, leur teint au rougeoiement des aurores. — Cependant, si cette aptitude le recommande aux gens en quête d'épithalames, aux mondaines désireuses de madrigaux, elle serait insuffisante à justifier sa renommée. Le prosateur l'explique. Il se déclara, au moment propice, l'héritier de Rabelais (que fit-il de tes symboles, Alcofribas!) et le représentant de la *Gaîté gauloise*. Il figure assez bien un colonel de gendarmerie en retraite qui débite des gaudrioles scatologiques entremêlées de citations d'Horace et de Virgile. Il a dressé des autels à Crépitus et le dieu retentit dans son œuvre, comme il « circulait majestueusement dans les laticlaves des patriciens » il a monopolisé l'abject, il l'a exprimé dans une langue amorphe, il a eu l'impudeur de couronner de roses la face qu'il aime à louer et pour mieux faire, en souvenir sans doute de son ancien rôle d'aéde, il n'a pas répugné à glorifier ses affections en vers légers. Aussi son nom vole de bouche en bouche, et le notaire le plus rebelle s'éjouit à l'entendre prononcer.

Le quatrième, Catulle Mendès, fut, des trois derniers

le plus notoirement doué, et il lui fut départi une certaine puissance verbale. Il a été en poésie un incroyable
assimilateur. Dans ses vers, il a, tour à tour, imité les
poètes les plus différents ; de Hugo à Henri Heine, tous
le séduisirent et il devint leur caudataire. S'il s'était
borné à Pantéleia, aux Contes Epiques, à Philoméla,
aux Soirs Moroses, il resterait le parfait élève de ceux
qui l'inspirèrent ; il s'est acquis ailleurs une personnalité. Il ne lui eut certainement pas suffi, pour mériter
l'estime publique, de refaire la Légende des Siècles ou
tel autre livre éternel, ceux qui ne les peuvent lire *dans
le texte*, n'en goûteront pas davantage une adaptation.
En prose, il devint lui-même, et se donna la tâche
productive de solliciter les instincts animaux de ses
contemporains. Il le fit dans un style fluent et mièvre,
non sans attrait pour certains, d'une manière char-
meuse et féminime, car il manque de toute noble viri-
lité. Il est, au fond, le dernier des élégiaques, et ses
contes débutent comme les bergerades de M. de Flo-
rian. Il rêve de prairies affétées, de forêts confites, il
évoque les paysages que nous nous plaisons à trouver
sur des éventails. Là il promène des bergers, mais ces
bergers sont phallophores et ont coutume d'entourer
l'objet du culte de faveurs roses et bleues. Il sait servir
à ses fidèles des dragées d'Hercule, mais il les enveloppe dans une praline. Il n'est jamais égrillard, il est
pervers, et sa perversité, fade et banale, sait séduire les
Homais et leurs femmes qui par hypocrisie le repous-
sent, et qui secrètement l'élisent et l'aiment.

Ainsi sont-ils, tous les quatre, et leur œuvre, qu'on
ne peut lire sans éprouver la mélancolique tristesse qui
surgit des déchéances, ne contredit pas mon dire. Elle
atteste au contraire que peuvent réussir à atteindre une
renommée temporaire, dispensatrice des honneurs mon-
dains et des richesses, ceux-là seuls qui correspondent,

par leurs plus marquantes vertus, aux qualités des masses, ceux-là seuls qui représentent une des faces de l'âme vile de la foule. Doivent être mis à part les rares qui ont dû la gloire à des actes indépendants de leurs manifestations littéraires. Croyez-moi, celui qui intérieurement se sent Poëte doit renoncer aux biens terrestres, et sans regret, sa part est assez belle : il a l'éternité, et il se survivra sur les lèvres des hiérophantes. Sachant d'avance qu'il ne recueillera dans sa vie que des mépris et des insultes, qu'il se redise ces vers de Baudelaire :

> Tous ceux qu'il veut aimer l'observent avec crainte
> Ou bien, s'enhardissant de sa tranquillité,
> Cherchent à qui saura lui tirer une plainte,
> Et font sur lui l'essai de leur férocité.

Hélas! ils seront éternellement vrais, mais vrais aussi éternellement ceux qui suivent.

> Vers le ciel, où son œil voit un trône splendide,
> Le poète serein lève ses bras pieux,
> Et les vastes éclairs de son esprit lucide
> Lui dérobent l'aspect des peuples furieux.

Et l'Artiste ne réprouvera pas le Dieu qui le choisit pour être le tabernacle du Verbe très sacré, et il redira, litanie immortelle :

> Soyez béni, mon Dieu, qui donnez la souffrance
> Comme un divin remède à nos impuretés
> Et comme la meilleure et la plus pure essence
> Qui prépare les forts aux saintes voluptés.
>
> Je sais que vous gardez une place au Poëte
> Dans les rangs bienheureux des saintes légions,
> Et que vous l'invitez à l'éternelle fête
> Des trônes, des vertus, des dominations.
>
> Je sais que la douleur est la noblesse unique
> Où ne mordront jamais la terre et les enfers,
> Et qu'il faut pour tresser ma couronne mystique
> Imposer tous les temps et tous les univers.

Paris. — Imp. BEAUDELOT & MÉLIÈS, 16, rue de Verneuil.

Édition des *Entretiens Politiques et Littéraires*

BERNARD LAZARE

LES
QUATRE FACES

PARIS

Librairie de l'Art indépendant
11 rue de la Chaussée d'Antin

BRUXELLES

Paul LACOMBLEZ, Éditeur
131, rue des Paroissiens

1891

PARIS. — TYPOGRAPHIE A. M. BEAUDELOT ET A. MELIN
16, RUE DE VERNEUIL, 16